Índice

iguana

¡Clasifiquemos!

Muchos científicos estudian los seres vivos y los que alguna vez lo fueron. Ellos **clasifican** u ordenan estas cosas en grupos. Observan las formas en que los seres vivos se parecen y se diferencian.

Grupos de animales

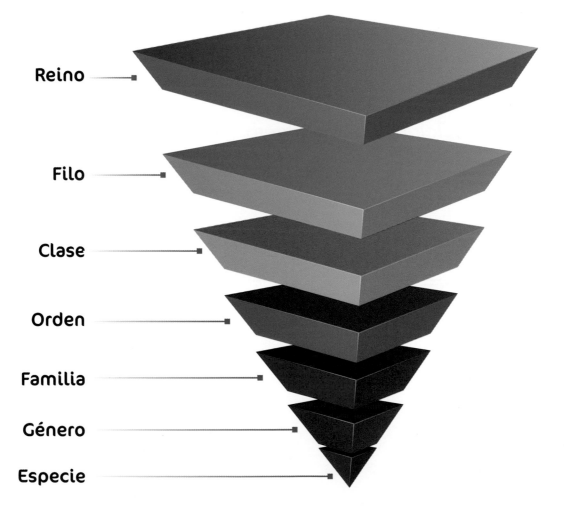

- Reino
- Filo
- Clase
- Orden
- Familia
- Género
- Especie

¡Los animales también tienen clases!

Reptiles

LISA COLOZZA COCCA Y SANTIAGO OCHOA

Antes, durante y después de las actividades de lectura

Antes de la lectura: Desarrollo del conocimiento del contexto y del vocabulario académico

Las estrategias «Antes de leer» activan los conocimientos previos y establecen un propósito para la lectura. Antes de leer un libro, es importante utilizar lo que ya saben los niños acerca del tema. Esto los ayudará a desarrollar su vocabulario y a mejorar su comprensión lectora.

Preguntas y actividades para desarrollar el conocimiento del contexto:
1. *Mira la portada del libro. ¿De qué crees que trata este libro?*
2. *¿Qué sabes de este tema?*
3. *Estudiemos el índice. ¿Qué aprenderás en los capítulos del libro?*
4. *¿Qué te gustaría aprender sobre este tema? ¿Crees que podrías aprenderlo en este libro? ¿Por qué sí o por qué no?*

Desarrollo del vocabulario académico

El desarrollo del vocabulario académico es fundamental para comprender el contenido de las asignaturas. Ayude a su hijo o a sus alumnos a entender el significado de las siguientes palabras del vocabulario.

Vocabulario de contenido por área
Lee la lista de palabras. ¿Qué significa cada palabra?

- ancestros
- células
- clasifican
- común
- escamas
- extintos
- fósiles
- presa

Durante la lectura: Componente de escritura

Las estrategias «Durante la lectura» ayudan a establecer conexiones, a monitorear la comprensión, a generar preguntas y a mantener la concentración.
1. *Mientras lees, escribe en tu diario de lectura cualquier pregunta que tengas o cualquier cosa que no entiendas.*
2. *Después de completar cada capítulo, escribe un resumen de este en tu diario de lectura.*
3. *Mientras lees, establece conexiones con el texto y escríbelas en tu diario de lectura.*
   a) *Texto para sí mismo: ¿Qué me recuerda esto en mi vida? ¿Cuáles fueron mis sentimientos cuando leí esto?*
   b) *Texto a texto: ¿Qué me recuerda esto de otro libro que haya leído? ¿En qué se diferencia de otros libros que he leído?*
   c) *Texto al mundo: ¿Qué me recuerda esto del mundo real? ¿He oído hablar de esto antes? (noticias, actualidad, escuela, etc...).*

Después de la lectura: Comprensión y actividad de extensión

Las estrategias «Después de la lectura» ofrecen la oportunidad de resumir, preguntar, reflexionar, discutir y responder al texto. Después de leer el libro, trabaje con su hijo o sus alumnos las siguientes preguntas para comprobar su nivel de comprensión lectora y su dominio del contenido.
1. *¿Cómo clasifican los científicos a los reptiles? (Resume).*
2. *¿Qué puedes concluir sobre los reptiles dentro de un género en comparación con las aves dentro de un filo? (Infiere).*
3. *¿En cuáles tres cosas se fijan los científicos cuando clasifican a los seres vivos en reinos? (Responde las preguntas).*
4. *Si tuvieras que crear una nueva forma de clasificar a los reptiles, ¿cuántas clases utilizarías? (Conexión texto para sí mismo).*

Actividad de extensión
Busca información en Internet sobre una familia de reptiles. Dibuja un árbol genealógico. Utiliza la información que encuentres para rellenar las ramas.

Los reinos son los grupos más grandes. Los científicos clasifican las cosas en reinos basándose en tres cosas. La primera es el tipo de **células** que tiene. La segunda es el número de células que componen su cuerpo. La tercera es si produce o no su propio alimento.

Los citólogos son científicos que estudian las células. Estudian las células para para ver cómo están hechas y cómo funcionan.

Los miembros del reino animal tienen cuerpos formados por más de una célula. No pueden fabricar su propio alimento. Se alimentan de cosas vivas o que estuvieron vivas. Algunos comen plantas. Algunos comen insectos. ¡Algunos comen otros animales!

El camaleón pantera tiene una lengua larga con una almohadilla pegajosa en la punta. La lengua permanece plegada como un abanico en su boca hasta que pasa un gusano o un bicho y se convierte en su cena.

Mira más de cerca

Las células de los animales contienen ADN (ácido desoxirribonucleico). Los científicos estudian el ADN para saber más sobre de qué maneras se parecen los animales.

Hay más de un millón de clases de animales. Los científicos dividen el reino en grupos más pequeños llamados filos. Los animales con columna vertebral pertenecen a un grupo, o filo. La columna vertebral es una serie de huesos que están conectados. Va desde la cabeza hasta la mitad de la espalda.

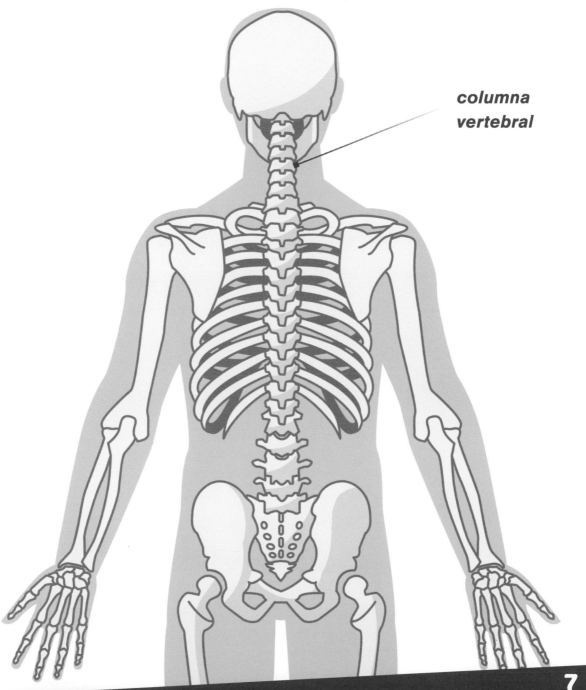

columna vertebral

Muchos seres vivos tienen columna vertebral. Las personas tienen columna vertebral. Los elefantes tienen columna vertebral. Las tortugas también tienen columna vertebral. Pero las personas, los elefantes y las tortugas son muy diferentes.

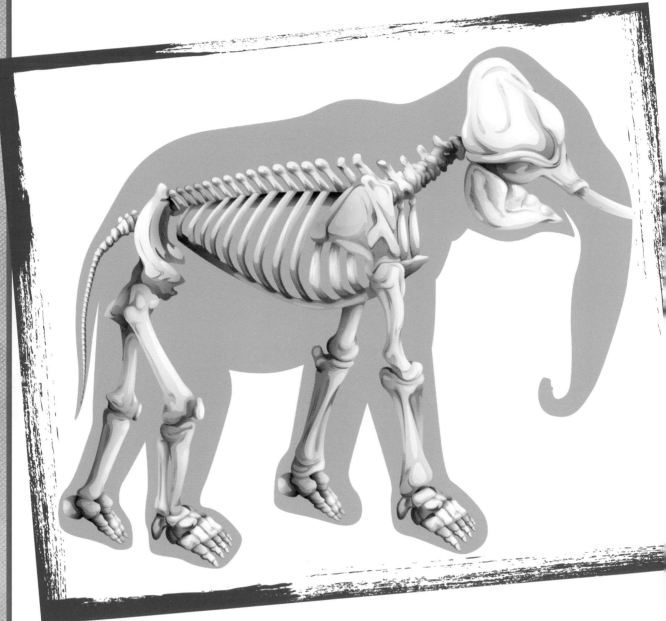

El esqueleto de un elefante tiene más de 300 huesos. Los huesos representan el 16.5% del peso total del elefante.

Clases de reptiles

Los científicos dividen un filo en grupos más pequeños llamados clases. Los reptiles forman la clase Reptilia. Los reptiles son de sangre fría. Los cuerpos de los animales de sangre fría tienen la temperatura del aire circundante. Se calientan al Sol y se enfrían a la sombra.

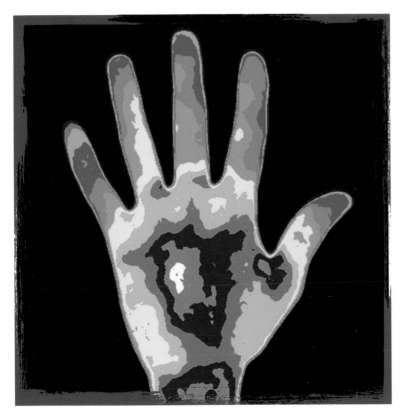

Para tomar imágenes de este tipo se utilizan cámaras especiales. Las cámaras toman imágenes del calor que desprende el sujeto.

Temperatura corporal

Las personas son de sangre caliente. Nuestros cuerpos pueden producir calor para ayudar a mantener nuestra temperatura corporal.

Todos los reptiles también tienen **escamas**. Hay escamas de todos los tamaños. Las escamas de un esferodáctilo son diminutas. Las de una serpiente son mucho más grandes. Las escamas pueden ser blandas o duras. Las placas son el tipo más grande de escamas. Son duras. El caparazón de una tortuga tiene placas.

placa

Las clases se dividen en grupos más pequeños llamados órdenes. La clase de los reptiles tiene cuatro órdenes principales. Las serpientes, los lagartos y las lagartijas forman el orden más grande. Las tortugas constituyen otro orden. Un tercer grupo incluye cocodrilos, gaviales, caimanes y aligátores. El orden más pequeño está formado por los tuátaras.

tortuga
de tierra

tortuga

¿Tortuga de tierra o tortuga?

Las tortugas de tierra solo viven en tierra. Las otras tortugas tienen patas palmeadas y la mayoría vive en el agua todo o parte del tiempo.

Familias de reptiles

Las familias son los grupos más pequeños que componen un orden. Las serpientes pertenecen al orden Squamata. La pitón bola es un tipo de serpiente. Su cuerpo no produce veneno. La serpiente mata a su **presa** envolviéndola con su cuerpo y apretando.

pitón bola

La cabeza de cobre es otro tipo de serpiente. Su cuerpo produce veneno. Una cabeza de cobre mata mordiendo e introduciendo el veneno en su presa. Ambas serpientes pertenecen al mismo orden pero son miembros de familias diferentes.

cabeza de cobre

¡No somos iguales!

Tanto los cocodrilos como los caimanes son reptiles. Pertenecen al mismo orden pero a familias diferentes. Hay muchas diferencias entre ellos.

Los científicos dividen las familias en géneros. Los reptiles de un mismo género están estrechamente relacionados. La familia de las tortugas marinas se divide en seis géneros.

tortuga golfina de Kemp

La tortuga golfina de Kemp y la tortuga olivácea pertenecen al mismo género. Se parecen mucho y tienen aproximadamente el mismo tamaño. Ambas viven principalmente en el agua, pero ponen sus huevos en la playa. Una diferencia es que la tortuga olivácea vive en aguas más cálidas que la tortuga de Kemp.

tortuga olivácea

Especies de reptiles

Un género está formado por una o más especies. Una especie de reptil es una sola clase de reptil.

cocodrilo americano

Parientes cercanos

El cocodrilo americano y el cocodrilo de las marismas son dos de las 12 especies que componen el género *Crocodylus*.

Cada especie tiene un nombre **común** y un nombre científico. La primera parte indica a qué género pertenece el reptil. Siempre comienza con una letra mayúscula. La segunda parte es el nombre de la especie. Comienza con una letra minúscula. El nombre científico es el mismo en todo el mundo.

cocodrilo de las marismas

El cocodrilo de las marismas tiene un hocico ancho y plano como el de un caimán. ¡Sin embargo, su gran cuarto diente demuestra que es un verdadero cocodrilo!

El «dragón de Komodo» es un nombre común. Su nombre científico es *Varanus komodoensis*. Su nombre común ayuda a las personas a imaginarse el gran lagarto. El nombre científico nos dice a qué género pertenece la especie.

¡Lo bastante grande para dos nombres!

Otro nombre común para el dragón de Komodo es monitor de Komodo. Es el lagarto más grande y pesado del mundo.

Muchas especies, géneros, familias y órdenes de reptiles están **extintos**. Los científicos aprendieron sobre estos primeros reptiles luego de estudiar sus **fósiles**. Aprendieron que muchos de estos reptiles extintos vagaban por la Tierra hace millones de años.

El dragón de Komodo puede comer el 80 por ciento de su peso corporal. ¡Puede comerse un cerdo, un venado o incluso una persona!

Los grupos en los que se clasifican los reptiles a veces cambian. Los científicos creían que el tuátara era un lagarto. Luego aprendieron más sobre los **ancestros** del tuátara.

Los científicos siempre están buscando nuevas formas de clasificar a los reptiles. Aprenden nueva información. Descubren nuevas especies y encuentran más fósiles. Buscan nuevas maneras de crear agrupaciones. Nuestra comprensión de la clase de los reptiles siempre está cambiando y creciendo.

tuátara

Un fósil viviente
Los científicos llaman al tuátara un fósil viviente. Les ayuda a aprender más sobre los reptiles que vivieron entre los dinosaurios.

ACTIVIDAD

Fotos del antes y el después

Los científicos creen que todos los cocodrilos comparten un ancestro: el aetosaurio. Este reptil recorrió la Tierra hace cientos de millones de años. Tenía un cuerpo con forma de cocodrilo. Tenía una cabeza con forma de ave. Su nariz tenía forma de hocico de cerdo.

¿Qué necesitas?

papel

lápiz

crayones o marcadores

Internet, con el permiso de un adulto

Instrucciones

1. Busca los aetosaurios en Internet para ver qué aspecto podrían haber tenido. Dibuja uno.
2. Haz un dibujo de un cocodrilo.
3. Compara tus fotos. ¿Cuáles son las diferencias? Luego piensa en el aspecto que podría tener el cocodrilo dentro de millones de años. ¿Qué cambios podrían ocurrir? Haz un dibujo.

Glosario

ancestros: Miembros de una familia que vivieron hace mucho tiempo.

células: Las pequeñas unidades básicas que componen un ser vivo.

clasifican: Que ordenan en grupos de cosas parecidas.

común: Que es utilizado por muchas personas.

escamas: Piezas de piel finas y superpuestas que cubren el cuerpo de un reptil.

extintos: Animales de los que ya no quedan ejemplares vivos.

fósiles: Rastros o huellas en una roca o en la tierra de los restos de algo que vivió hace mucho tiempo.

presa: Animal que es cazado por otro para alimentarse.

Índice alfabético

Demuestra lo que sabes

1. ¿Por qué los científicos clasifican los seres vivos en grupos?

2. ¿Qué tienen en común todos los miembros del reino animal?

3. ¿Qué reptiles están más relacionados: todos los miembros de la misma familia o todos los miembros del mismo género?

4. ¿Cómo puedes saber si un ser vivo es un reptil?

5. ¿Por qué son importantes los fósiles para los científicos?

Lecturas adicionales (en inglés)

National Geographic Kids, *National Geographic Kids Reptiles and Amphibians Sticker Activity Book*, National Geographic Children's Books, 2017.

Riehecky, Janet, *Reptiles*, Capstone Press, 2017.

Wilsdon, Christina, *Ultimate Reptileopedia: The Most Complete Reptile Reference Ever*, National Geographic Children's Books, 2015.

Acerca de la autora

Desde que tiene uso de razón, a Lisa Colozza Cocca le gusta leer y aprender cosas nuevas. Vive en Nueva Jersey, en la costa. Puedes saber más sobre Lisa y su obra en www.lisacolozzacocca.com (página en inglés).

www.rourkebooks.com

PHOTO CREDITS: Cover and Title Pg ©amwu; Border ©enjoynz; Pg 3 ©HuyThoai; Pg 4 ©Ivcandy; Pg 5 ©Zinkevych; Pg 6 ©Jezperklauzen, ©stanley45; Pg 7 ©elenab; Pg 8 ©blueringmedia; Pg 9 ©AnitaVDB; Pg 10 ©Nerthuz; Pg 11 ©Dzmitrock87, ©AlizadaStudios; Pg 12 ©MirekKijewski; Pg 13 ©makasana; Pg 14 ©Jereme Phillips, ©USFWS.; Pg 15 ©sdbower, ©LagunaticPhoto; Pg 16 ©Patrick Gijsbers; Pg 17 ©sabirmallick, ©YinYang; Pg 18 ©ANDREYGUDKOV; Pg 19 ©AlfinTofler, ©guenterguni; Pg 20 ©Beautifulblossom; Pg 21©Ana Nhtepheta; Pg 22 ©PetlinDmitry

Editado por: Laura Malay
Diseño de la tapa e interior: Kathy Walsh
Traducción: Santiago Ochoa

Library of Congress PCN Data

Reptiles / Lisa Colozza Cocca
(¡Los animales también tienen clases!)
 ISBN 978-1-73165-458-8 (hard cover)
 ISBN 978-1-73165-509-7 (soft cover)
 ISBN 978-1-73165-542-4 (e-book)
 ISBN 978-1-73165-575-2 (e-pub)
Library of Congress Control Number: 2022940993

Rourke Educational Media
Printed in the United States of America
01-0372311937